# Look Before You Leap! ;
# An Encyclopedia for Safety

Safety-related incidents are also known as 'safety accidents.' These accidents occur when we are not careful and don't keep the rules. We need to stay alert because we can get hurt, or even killed by a safety accident!

According to the Ministry of Health and Welfare's survey on disabled people, in 2014, there were an estimated 2.5 million disabled persons in Korea-about one in 20 people had a disability.

Shockingly, the actual number of disabled people is much more than the statistics published by the government. It is because the government didn't approve all people's disabilities, or the survey didn't include some already existing disabled people. Anyhow, there are much more disabled people than you would think.

Here's a question—are there more people who are born with disabilities compared to those who got a disability from an accident or disease?

The correct answer is the latter. It was revealed that about 90% of disabled Koreans got disabilities through acquired factors. So, we're all vulnerable to disabilities.

Numerous accidents are lurking around us. If you are not careful, hidden accidents will jump out and make us shout in pain.

Because children lack abilities to recognize and control dangerous situations, it is especially easy for them to get exposed to accidents. On average, about 4,000 children get hurt or are killed by pedestrian accidents each year. So, children always must learn and make it a habit to take appropriate actions for safety.

I wrote this book in hopes for children not to get into accidents and grow well. This book tells useful information for children to practice a variety of safety activities not only at home, but also in school.

I hope Korean children as well as children around the world will read this book carefully. I hope you will all become wonderful children in the future as you take care of your body and others around you.

**In the Text**
1. Always keep traffic safety!
2. Let's keep home safety
3. School safety for you and I
4. More safety means more convenience for electricity, gas and fire
5. Safety checks before fun outdoor activities
6. Let's prepare for disaster
7. Crime prevention together

아는 길도 물어 가는
# 안전 백과

풀과바람 지식나무 29
# 아는 길도 물어 가는 안전 백과
Look Before You Leap! ; An Encyclopedia for Safety

1판 1쇄 | 2016년 4월 1일
1판 15쇄 | 2022년 12월 15일

글 | 이성률
그림 | 토끼도둑

펴낸이 | 박현진
펴낸곳 | (주)풀과바람
주소 | 경기도 파주시 회동길 329(서패동, 파주출판도시)
전화 | (031) 955-9655~6
팩스 | (031) 955-9657
출판등록 | 2000년 4월 24일 제20-328호
블로그 | blog.naver.com/grassandwind
이메일 | grassandwind@hanmail.net

편집 | 이영란
디자인 | 박기준
마케팅 | 이승민

ⓒ 글 이성률, 그림 토끼도둑, 2016

이 책의 출판권은 (주)풀과바람에 있습니다.
저작권법에 의해 보호를 받는 저작물이므로 무단 전재와 복제를 금합니다.

값 11,000원
ISBN 978-89-8389-640-7 73590

※잘못 만들어진 책은 구입처에서 바꾸어 드립니다.

이 도서의 국립중앙도서관 출판예정도서목록(CIP)은 서지정보유통지원시스템 홈페이지(seoji.nl.go.kr)와
국가자료공동목록시스템(www.nl.go.kr/kolisnet)에서 이용하실 수 있습니다. (CIP제어번호 : CIP2016004735)

**제품명** 아는 길도 물어 가는 안전 백과 | **제조자명** (주)풀과바람 | **제조국명** 대한민국
**전화번호** 031)955-9655~6 | **주소** 경기도 파주시 회동길 329
**제조년월** 2022년 12월 15일 | **사용 연령** 8세 이상
KC마크는 이 제품이 공통안전기준에 적합하였음을 의미합니다.

⚠ 주의
어린이가 책 모서리에
다치지 않게 주의하세요.

# 아는 길도 물어 가는
# 안전 백과

이성률·글 | 토끼도둑·그림

풀과바람

## 머리글

흔히 안전과 관련한 사고를 '안전사고'라고 해요. 위험한데도 조심하지 않거나, 안전 규칙을 지키지 않아서 생기는 사고 등을 가리키는 말이지요. 이런 안전사고로 크게 다치거나 목숨을 잃을 수 있으므로 무척 조심해야 합니다.

보건 복지부가 발표한 장애인 실태 조사 결과에 따르면, 2014년 기준 우리나라 등록 장애인 수는 약 250만 명이라고 해요. 국민 20명 가운데 1명 정도가 장애를 가진 셈이지요.

정부에서 발표한 통계보다 실제 장애인 수는 훨씬 많다고 해요. 장애를 가지고 있는데도 정부에서 인정해 주지 않거나, 조사에서 빠진 사람들이 있기 때문이에요. 어쨌든 여러분이 평소에 생각하던 것보다 훨씬 많은 사람이 장애를 갖고 살고 있답니다.

여러분에게 한 가지 질문해 볼게요. 태어날 때부터 장애를 가진 사람이 더 많을까요, 아니면 사고나 질병으로 살면서 장애를 갖게 된 사람이 더 많을까요?

정답은 후자 쪽이랍니다. 후천적 원인으로 장애를 갖게 된 사람이 전체 장애인 가운데 90%나 되거든요. 이처럼 장애는 생각지 못한 사고나 병으로 누구나 입을 수 있답니다.

우리 주위에는 수많은 사고가 술래처럼 숨어 있어요. 조심하지 않으면 안전사고가 몰래 숨어 있다가 어느 날 우리 입에서 윽! 비명이 나오게 하지요.

특히 어린이들은 위험한 상황을 인식하거나 조절할 능력이 부족해서 안전사고에 노출되기 쉬워요. 한 해 평균 약 4천여 명의 어린이가 보행 중 교통사고로 다치거나 목숨을 잃을 정도로 말이에요. 그러므로 어린이는 안전에 대한 올바른 행동을 꼭! 평소에 익히고 습관화해야 한답니다.

나는 어린이들이 사고를 당하지 않고 건강하게 자라길 바라며 이 글을 썼어요. 집과 학교 등에서 활동할 때 알아두면 유익한 정보들을 담아서 말이지요.

우리나라, 아니 전 세계 어린이 모두 이 글을 꼼꼼히 읽으면 좋겠어요. 그래서 스스로 몸을 지키고 다른 사람에게도 피해를 주지 않는 멋진 어린이가 되면 좋겠습니다.

이성률

## 차례

**1 자나 깨나 교통안전!**

안전하게 길 건너기 • 10
무단 횡단은 위험해! • 12
접촉 사고 대처 방법 • 14
차의 뒤나 밑에서 놀지 않기 • 16
통학 버스 사고를 막아요! • 18
안전띠는 수호천사 • 20
운전자 특성과 관련한
교통사고 예방법 • 21
안전하게 자전거 타기 • 22
찻길에서 자전거 탈 때 지킬 일 • 24
안전하게 배 타기 • 26
기차와 비행기도 안전하게 • 30

※ 어린이가 알아두면 좋은
　교통 표지판 • 32

**2 우리 모두 지키자 가정 안전**

날카로운 물건은 조심조심 • 35
머리를 보호해! • 36
방심하면 떨어져요 • 38
선풍기 안전하게 사용하는 방법 • 40
혼자서 욕조 목욕을 하지 않아요 • 42
머리가 낄 수 있어요 • 44
가정 안전사고 예방 • 46
위험한 곳에 숨지 않기 • 48
맛있는 음식도 천천히 • 50
깨진 그릇 치우기 • 52
위험한 장난 하지 않기 • 54

※ 알아두면 좋은 응급 처치 방법
　- 심폐 소생술 • 56

## 3 너도나도 지키자 학교 안전

안전하게 계단 오르내리기 • 61
심한 장난은 안 돼요! • 62
수업 시간 안전 수칙 • 64
즐거운 운동, 맛있는 점심 • 66

## 4 지키는 만큼 편리한 전기, 가스, 불

찌릿찌릿 전기를 조심해! • 69
전기 기구 안전하게 사용하기 • 70
감전 사고 완전 대비 • 72
가스 안전 수칙 • 74
화재 사고 예방법 • 76
불이 났을 때 대처 방법 • 79
장난 전화는 안 돼요! • 80
승강기 안전사고 예방법 • 82

※ 알아두면 좋은 소화기 사용 방법 • 84

## 5 시작 전에 안전 점검, 재미있는 야외 활동

놀이터 안전사고 예방법 • 86
물놀이 안전사고 예방법 • 88
물놀이 안전 수칙 • 90
갯벌도 위험해! • 92
눈길 사고를 막아요! • 94
안전한 등산을 위해 준비할 일 • 96
야생 동물을 조심해! • 98
애완동물도 무서워! • 100
화가 난 벌 피하기 • 101
독충 주의보 • 102
전염병 예방법 • 104

※ 알아두면 좋은 응급 처치 방법
  - 부목 대는 법 • 106

## 6 대비하자 재난 사고

큰비에 대처하기 • 108
태풍 시 행동 요령 • 110
지진 발생 시 대처 방법 • 112
화산 또는 해일 시 대처 방법 • 114

**7 마음 모아 범죄 예방**
  성폭력 예방 • 117
  학교 폭력 예방 • 118

안전 백과 관련 상식 퀴즈 • 122
안전 백과 관련 단어 풀이 • 124

#  자나 깨나 교통안전!

### 안전하게 길 건너기

　안전사고 중 교통사고로 목숨을 잃는 경우가 가장 많아요. 우리나라는 OECD(경제 협력 개발 기구) 회원국 가운데 교통사고 보행자 사망률 1위라는 부끄러운 결과를 가지고 있어요. 특히 교통사고 어린이 사망자 수도 OECD 회원국 평균(1.1명)보다 높아요(1.3명).

　어린이는 어른과 달리 상황에 대한 인지 능력과 대처 방법이 서투르기 때문에 안전한 보행 방법을 평소에 익혀두어야 해요.

　안전하게 길을 건너려면 어떻게 해야 할까요? 우선 차가 다니는 길로 나올 때는 멈추는 것이 가장 중요해요. 그다음에는 차가 오는지 왼쪽과 오른쪽을 번갈아 살펴보아야 합니다.

　차를 발견했을 때는 손을 들어서 "제가 먼저 갈 테니 멈춰 주세요." 하는 표시로 운전자와 눈을 마주친 다음 차가 멈추는 것을 확인한 뒤에 건너야 해요. 손을 든다고 해서 모든 차가 다 멈추는 것은 아니므로 반드시 주변 차가 멈추었는지 확인해야 한답니다.

　신호등이 없는 횡단보도는 어린이가 혼자 건너기에는 너무 위험하니, 주변에 있는 어른들과 함께 건넙니다.

횡단보도를 이용할 때는 차도와 떨어져서 초록색 신호를 기다려야 해요. 초록 불이 깜빡일 때는 급하게 건너면 더 큰 사고 위험이 생길 수 있으니 안전하게 다음 신호를 기다립니다.

초록 불이 되자마자 뛰어나가면 서지 못해 정지선을 넘는 차와 충돌할 위험이 있으니 좌우를 살피고 천천히 건넙니다. 횡단보도의 경우에는 차가 왼쪽에서 오므로 오른쪽으로 걷는 것이 안전거리가 확보되어 더 안전합니다.

**무단 횡단은 위험해!**

무단 횡단을 하면 예측할 수 없는 교통사고가 일어나기 쉽습니다. 큰 도로에서는 횡단보도가 아닌 곳으로는 건너갈 수 없어요. 횡단보도가 아닌 곳을 함부로 건너는 것은 교통 규칙을 지키지 않는 나쁜 행동입니다. 조금 돌아가더라도 횡단보도나 육교, 지하도로 건너는 것이 안전합니다.

누군가 무단 횡단을 해도 따라 하면 안 됩니다. 빨리 뛰어가면 될 것 같지만, 차는 사람보다 몇십 배나 빠르게 달려온답니다.

 **안전한 도로 횡단 5원칙**

1. 우선 멈춥니다.
2. 왼쪽, 오른쪽 차를 살펴봅니다.
3. 횡단보도 오른쪽에 서서 운전자를 보며 손을 듭니다.
4. 차가 멈추었는지 먼저 확인합니다.
5. 건너는 동안 차를 보면서 천천히 걷습니다.

### 접촉 사고 대처 방법

 찻길을 건너기 위해 주차된 자동차 사이에서 갑자기 뛰어나오면, 차에 가려져 어린이의 작은 몸집이 운전자에게 잘 보이지 않을 수 있어요. 이럴 때 사고 위험이 18배나 높아진답니다. 그러므로 주차된 차나 서 있는 차 사이로 걷거나 뛰지 말아야 해요.

 만약 접촉 사고가 나면 먼저 부모님께 알려야 합니다. 휴대 전화가 없다면 사고 낸 사람의 전화를 이용해 알려요. 연락되지 않으면 차량 번호와 사고 낸 사람의 연락처를 받아두어야 합니다. 혹시 모르니 목격자의 연락처도 받아두어요.

당황해서 괜찮다며 달아나면 절대 안 돼요! 당장은 괜찮더라도 나중에 아픈 곳이 생길 수 있으니까요.

**차의 뒤나 밑에서 놀지 않기**

차를 등지고 다니는 것이 차를 보면서 다니는 것보다 사고 위험이 4배나 높다고 해요. 천천히 걷는 것보다 뛸 때에는 7배나 높고요.

그러므로 일반 도로에서는 천천히 차를 보면서 다녀야 해요. 횡단보도는 우측통행이 안전합니다. 좁은 도로에서 차가 오면 우선 멈춘 다음, 길 안쪽으로 몸을 붙여서 차가 지나갈 때까지 서 있는 게 좋아요.

　운전자가 운전석에 앉아 있으면 차 뒤와 옆이 잘 보이지 않아요. 자동차에는 보이지 않는 사각지대가 있기 때문이에요. 또한 멈춰 있는 차는 항상 뒤로 움직일 수 있답니다.
　따라서 주차된 차의 앞과 뒤, 옆에서 놀지 않아야 해요. 특히 야간이나 날씨가 궂은 날에는 운전자가 보행자를 인식하기 쉽지 않으니 거리를 두고 걷고 밝은색 옷을 입는 것이 좋습니다.

### 통학 버스 사고를 막아요!

통학 버스 사고가 빈번하게 발생하고 있습니다. 버스를 타고 내릴 때 지나가는 자전거나 오토바이에 치이거나, 옷이 차 문에 끼여 끌려가는 등 안타까운 사고로 어린이들이 크게 다치거나 목숨을 잃고 있지요.

통학 버스를 안전하게 이용하기 위해서는 어떻게 해야 할까요? 우선 버스를 기다릴 때는 찻길에서 떨어져 있어야 하고, 먼저 타려고 달려가서는 안 됩니다. 차에 부딪치거나 넘어질 수 있기 때문입니다.

버스를 타고 내릴 때는 차가 완전히 멈춘 다음에 선생님의 지도에 따라 천천히 오르내리고, 차 안에서는 옷을 단정히 하고 안전띠를 매고 제자리에 앉아 있어야 합니다.

특히 내릴 때는 자전거나 오토바이가 지나갈 수 있으므로 손잡이를 잡고 뒤쪽을 확인하면서 천천히 내려야 합니다.

내린 다음에는 버스가 완전히 떠난 다음 횡단보도를 건너는 것이 안전합니다. 버스에 가려 잘 보이지 않아서 달려오는 다른 차와 부딪칠 위험이 매우 크기 때문입니다.

### 안전띠는 수호천사

안전띠는 우리의 생명을 지켜 주는 수호천사예요. 자동차를 탈 때는 안전한 뒷좌석에 앉아 반드시 안전벨트를 착용해야 합니다.

어린이는 몸에 맞는 어린이 보호 장구를 착용해야 해요. 부득이 어른용 안전벨트를 맬 때는 두꺼운 방석이나 담요를 깔아 몸 위치를 올려 안전띠가 목에 걸리지 않도록 해야 합니다.

올바른 착용 방법을 알아볼까요? 먼저 바른 자세로 의자 깊숙이 앉아야 해요. 그다음에는 안전띠가 꼬이지 않게, 어깨띠는 어깨 중앙에, 허리띠는 골반에 걸쳐서 매요. 특히 어깨띠는 겨드랑이 밑으로 매서는 안 돼요.

너무 느슨하게 하면 사고 때 안전띠의 효과를 기대하기 어려우므로 가슴과 허리에 착 달라붙는 느낌이 들도록 매야 해요. 마지막으로 안전띠를 제대로 착용했는지 반드시 확인해야 합니다.

**운전자 특성과 관련한 교통사고 예방법**

자동차 가까이에서 놀지 말아요. 운전자의 눈에 보이지 않는 사각지대가 있기 때문이에요. 특히 비탈진 곳에 주차된 차 뒤에서 노는 것은 더더욱 안 돼요. 브레이크가 풀려 큰 사고가 날 수 있답니다.

어두운 곳에 있던 운전자가 밝은 곳으로 나오면 잠시 앞이 잘 보이지 않아요. 마주 오던 차의 전조등 때문에 중앙선 가까이에 있는 사람이 갑자기 사라져 보이지 않는 현상이 나타나기도 하죠.

그러므로 밤에는 도로 중앙선에 서 있지 말고 안전한 곳으로 건너야 해요. 어두운 색깔의 옷은 눈에 잘 띄지 않으므로 밝은 색깔 옷을 입는 게 낫지요. 우산은 눈보다 높이 들어 앞을 볼 수 있어야 합니다.

**안전하게 자전거 타기**

자전거는 인라인스케이트와 함께 어린이가 가장 많이, 손쉽게 이용하는 탈것이에요. 탈것을 이용할 때는 뛰는 것보다 더 빨라서 교통사고의 위험도 더욱 커지므로 보호 장구를 제대로 갖추고, 안전 점검을 철저히 한 다음 올바른 방법으로 이용해야 합니다.

먼저 몸에 맞는 자전거를 선택해 타야 해요. 자전거를 타고 발을 뻗었을 때 발이 땅에 닿아야 자신의 몸에 맞는 자전거예요. 자전거는 전용 도로나 광장 등 안전한 곳에서 타고, 비탈길에서는 반드시 속도를 줄여야 합니다.

자전거를 탈 때는 너무 긴 바지나 치마, 목도리 등은 체인에 끼여 위험하므로 입지 않고, 벗겨지기 쉬운 샌들이나 슬리퍼도 피해야 해요. 자신의 머리 크기에 맞는 헬멧, 무릎 보호대와 팔꿈치 보호대 등 보호 장구를 착용하고요.

### 찻길에서 자전거 탈 때 지킬 일

우리나라 도로 교통법에선 자전거도 승용차처럼 차로 분류해요. 그래서 찻길이나 자전거 전용 도로로 다녀야 하지요. 보호 장비도 의무적으로 착용해야 합니다.

찻길에서 자전거를 탈 때는 차와 똑같이 교통 법규와 신호를 지켜야 해요. 차도의 오른쪽 가장자리에서 타고, 횡단보도를 건널 때는 자전거에서 내려 끌고 가야 합니다.

좌회전은 자전거에서 내려 횡단보도를 이용하고, 우회전은 인도 쪽으로 붙어 회전합니다. 또한 손으로 신호를 보내서 자전거의 움직임을 자동차 운전자에게 알리는 것도 중요해요.

## ⚠️ 자전거 타기 전 안전 점검하기

1. 타이어 바람 상태

    타이어의 공기 압력이 약해지면 힘이 전달되지 않을뿐더러 안전성을 잃게 되어 사고의 원인이 돼요. 찢어지거나 구멍이 뚫리지 않았는지 점검하고 바람이 충분하게 들어 있는지 살펴보아야 해요.

2. 브레이크

    브레이크는 갑자기 멈춰야 할 때, 또는 정지해야 할 때 사용하는 것으로 브레이크가 약하면 마음대로 정지할 수 없어 교통사고의 원인이 돼요. 손잡이의 브레이크 레버를 당겨 보고 브레이크가 바퀴 가장자리를 눌러 제대로 멈추는지 살펴보아야 해요.

3. 핸들과 체인

    핸들이 흔들리면 방향을 마음대로 조정할 수 없고, 바꿀 수 없으므로 미리 점검해야 해요. 페달을 밟아 체인 상태도 꼭 확인해야 합니다.

### 안전하게 배 타기

　사람이나 짐을 싣고 물 위를 떠다니는 배는 매우 편리하지만, 사고 위험도 크므로 안전 수칙을 꼭 지켜 이용해야 해요.

　배에 타면 승무원의 안내에 따라 비상구 위치, 비상시 행동 요령, 구명조끼 위치 등을 꼼꼼히 알아두어야 합니다. 위급한 순간 어떻게 행동할지 미리 알아두면 사고가 났을 때 빨리 대처할 수 있어 피해를 막을 수 있답니다.

　배의 비상구 위치는 불이 들어오지 않을 때를 대비해서 야광 재질로 만들어 배 곳곳에 화살표로 표시되어 있어요. 선내 배치도에서도 다시 한 번 확인할 수 있고요.

　만약 배에 불이 난다면 "불이야!" 큰 소리로 알리고, 비상벨을 눌러야 합니다. 안전한 곳으로 대피할 때는 승무원의 안내에 따라 침착하게 행동해야 해요. 통로와 계단에서 질서를 지키면서요.

　배가 물속에 가라앉으면 상황에 따라 배가 기우는 반대 방향, 제일 높은 쪽이 유리합니다. 탈출할 때는 구명조끼를 착용하고, 신발을 벗고 수직으로 다이빙합니다.

　탈출 뒤에는 와류에 휩쓸리지 않도록 배에서 멀리 떨어져야 해요. 저체온증을 대비해 가능한 구명보트나 부유물을 이용해 몸을 최대한 물 밖으로 꺼내 유지해야 하고요.

### ⚠️ 구명조끼 올바른 착용법

구명조끼는 어린이용과 어른용이 따로 마련되어 있으니 배에 타면, 꼭 구명조끼 위치를 알아두세요!

1. 가장 먼저 자신의 몸에 맞는 구명조끼를 선택합니다.
2. 가슴 조임 끈과 버클을 풀어 줍니다.
3. 조끼를 입듯 양손을 소매에 끼어 입습니다.
4. 버클을 채운 뒤 조임 끈을 몸에 맞게 단단히 당겨 줍니다.
5. 조끼 뒷부분에 달린 꼬리 끈을 다리 사이로 통과해 빼냅니다.
6. 꼬리 끈을 앞면 고정 고리에 단단히 끼워 넣습니다.

물속에서는 침착하게 심호흡을 합니다. 크게 호흡하면 마음이 안정되고 차분해져요. 움직임이 많으면 열량 소모도 커지게 되므로, 가능한 한 동작을 적게 하고, 보온에 힘쓰는 것이 좋습니다.

구명보트를 탔다면, 조명탄을 쏘아 위치를 알리고 구조를 기다립니다.

**기차와 비행기도 안전하게**

　기차나 지하철을 이용할 때도 지켜야 할 규칙이 있어요. 먼저 열차를 기다릴 때는 노란 선으로 그려진 안전선 뒤에서 차례대로 줄을 서서 기다려야 해요.

　열차 안의 승객이 먼저 내린 뒤에 타야 하는데, 열차를 타고 내릴 때는 열차와 승강장 틈새에 발이 빠지지 않도록 주의해야 해요.

　열차 안에서는 큰 소리로 떠들거나 장난치지 않고, 바른 자세로 앉거나 손잡이를 잡고 한곳에 서서 갑니다. 위험하니 절대로 열차의 연결 부분에 서 있지 말고요.

비행기에 타서 가장 먼저 확인해야 할 것은 자신의 좌석과 가장 가까운 비상구 위치예요. 바닥 표시등을 보지 못할 때 손으로 좌석을 짚어 가며 출구를 찾을 수 있기 때문이죠.

이착륙 때나 미처 예상하지 못한 난기류를 만났을 때 기체가 흔들려 다칠 수 있어요. 그러므로 답답해도 안전벨트는 꼭 매야 합니다.

식사 때를 제외하면 테이블은 제자리에 두는 것이 좋아요. 특히 의자가 뒤로 젖힌 상태로 사고가 나면, 충격의 범위가 넓어 많이 다칠 수 있으니 등받이는 최대한 직각으로 세워야 합니다.

##  어린이가 알아두면 좋은 교통 표지판

### 1. 주의 표지판

노란색 바탕에 그려져 있고, 자동차나 보행자에게 주의하라고 알려 줘요.

도로 공사 중

철길 건널목

### 2. 규제 표지판

빨간색으로 그려져 있고, 자동차나 보행자의 행동을 제한하거나 금지해요.

자전거 통행금지

## 3. 지시 표지판

파란색 바탕에 그려져 있고, 자동차나 보행자에게 지시하는 대로 행동하라고 표시해요.

횡단보도

보행자 전용 도로

자전거 전용 도로

자전거와 보행자 겸용 도로

# 우리 모두 지키자 가정 안전

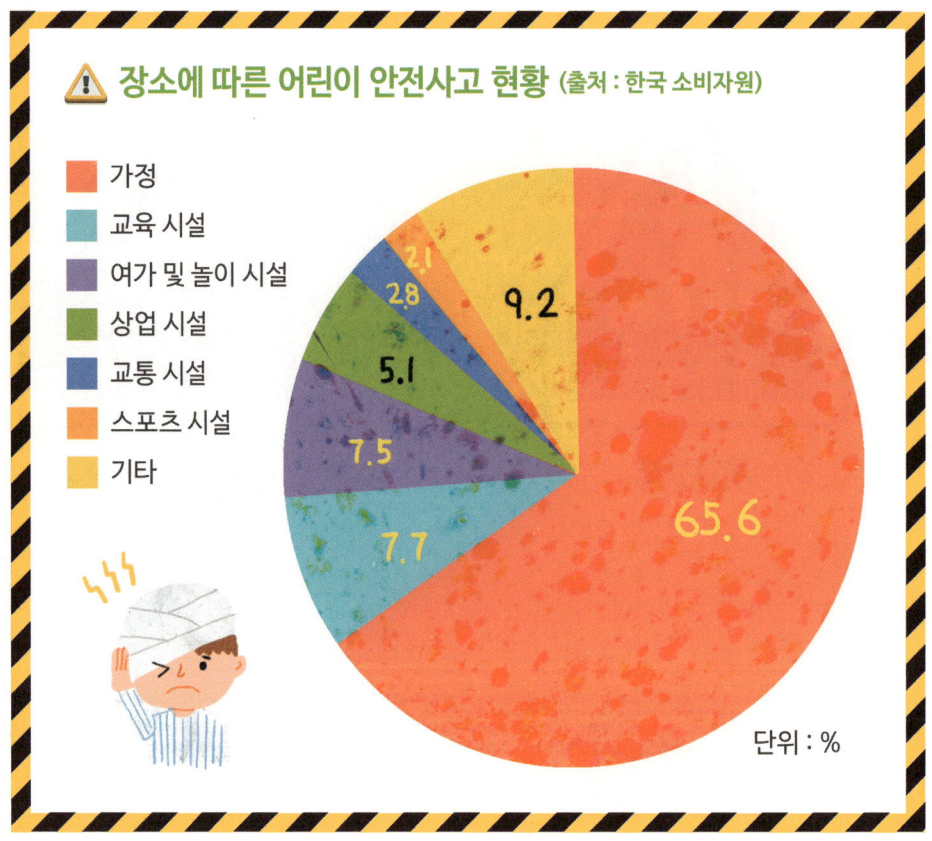

어린이 안전사고가 가장 많이 발생하는 곳이 '가정'이에요. 안전하다고 생각하기 쉽지만, 곳곳에 위험 요소가 도사리고 있지요. 집에서 발생하기 쉬운 사고 유형과 예방법, 응급 치료 방법 등을 알아보고 사고에 대비해 보아요.

### 날카로운 물건은 조심조심

칼이나 못 같은 날카로운 물건은 만지지 않는 게 좋아요. 꼭 만져야 한다면 장갑을 끼는 것이 좋습니다.

조금 베었을 때는 우선 피를 닦고 비누와 깨끗한 물로 씻은 다음 반창고나 소독된 거즈로 덮습니다.

뼈가 보일 정도로 깊은 상처를 입었을 때는 즉시 병원 진료를 받도록 해요. 피가 많이 난다면 소독된 거즈나 깨끗한 수건 등으로 지혈하면서 병원에 갑니다. 수술이 필요할 수도 있으니 물이나 음식을 먹지 않도록 하고요.

상처가 깊다면 반드시 병원으로

### 머리를 보호해!

넘어지거나 미끄러지는 사고는 눈 깜짝할 사이에 발생하는데, 머리를 다쳤을 때 응급 처치는 환자의 상태에 따라 신속하게 이루어져야 해요. 우선 피가 나는지, 의식을 잃었는지, 다른 부위를 다치지는 않았는지 확인한 뒤 상황에 맞게 응급 처치를 해야 합니다.

머리에서 피가 많이 날 때는 깨끗한 거즈나 천으로 상처 부위를 눌러 줍니다. 목뼈 손상이 의심될 때는 몸을 고정해 목을 움직이지 않도록 해야 합니다.

 토하거나 졸면서 잠만 자려고 하거나 귀나 코에서 피가 날 때는 병원으로 데려가야 합니다. 토하거나 의식이 없다는 것은 뇌가 손상되었다는 뜻이기 때문이에요.

 특히 의식이 없을 때 주의할 점은 기도 확보예요. 기도를 확보하려면 환자를 옆으로 눕히고, 환자의 한쪽 팔을 머리 밑으로 받쳐 주는 자세를 취하게 함으로써, 숨 쉬는 길로 이물질이 들어가는 것을 막아 줍니다.

 혹과 같은 가벼운 상처만 있다면 차가운 찜질을 하고 푹 쉬게 합니다.

### 방심하면 떨어져요

가정 내 안전사고 가운데 가장 많이 발생하는 것이 낙상 사고예요. 높은 곳에서 떨어지거나 미끄러지는 추락 사고는 큰 사고로 이어지는 경우가 많으므로 주의해야 해요.

방충망으로는 지지가 되지 않기 때문에 창문이나 베란다에 절대로 몸을 기대서는 안 돼요. 또한 베란다 근처에 화분이나 의자, 상자 등이 있더라도 위에 올라가 밖을 내다보거나 몸을 밖으로 내밀면 안 됩니다.

베란다나 창문 근처에서 장난감이나 공 등을 가지고 놀거나 물건을 밖으로 던지면 위험해요. 아무리 가벼운 물건이라도 고층에서 떨어뜨리면 가속도 때문에 그 충격이 엄청나 위험한 흉기가 될 수 있습니다.

실제로 아파트 옥상에서 장난으로 던진 돌에 맞아 사람이 크게 다치고, 화분이 떨어져 차가 파손된 일이 있었어요.

무거운 물건이나 화분 등이 고층에서 떨어져 지나가는 사람이 맞으면 자칫 목숨을 잃거나 크게 다치는 피해를 볼 수 있다는 것을 명심하세요!

### 선풍기 안전하게 사용하는 방법

선풍기를 사용할 때 주의해야 할 점은 바로 '화재'예요. 시원하기 위해서 사용하는 선풍기이지만, 장난삼아 날개에 연필이나 젓가락을 끼우면 아주 위험합니다.

날개가 멈춰 있어도 모터가 계속 돌아가면 열이 발생하는데, 그 상태로 계속 전원을 켜 놓으면 큰불로 이어질 수 있어요.

선풍기를 2~3시간 사용한 뒤에는 잠시 꺼두거나 선풍기에서 타는 냄새가 나면 즉시 작동을 멈추어야 해요.

선풍기 틈새로 손가락을 넣으면 안 돼요. 선풍기 날개에 손가락이 베여 크게 다칠 수 있습니다.

선풍기 바람을 너무 오래 쐬면 호흡기 점막이 건조해져 감기로 이어지기 쉬워요. 호흡기 점막이 건조해지면 바이러스나 세균, 먼지 등에 대한 호흡기 방어 능력이 떨어지기 때문이에요.

선풍기의 강풍은 미풍보다 30% 정도 전력 소모가 많고 건강에도 해로우므로 가능한 한 미풍을 사용하는 것이 좋아요. 타이머를 이용해 시간을 적절히 조절하는 것도 지혜로운 사용 방법이랍니다.

**혼자서 욕조 목욕을 하지 않아요**

욕실은 물기가 많은 곳이라 미끄럽습니다. 샤워한 뒤에는 특히 조심해야 합니다. 물이나 비누 등을 밟고 미끄러질 수 있으므로 욕실로 뛰어들어가는 행동은 절대 해서는 안 됩니다.

온수를 쓸 때는 뜨거운 물에 화상을 입을 수 있으므로 물을 조금만 틀어서 온도를 조절한 뒤 사용해야 합니다.

어른 없이 혼자서 욕조 목욕을 하지 않아야 해요. 신체 조정 능력이 떨어지는 어린이는 욕조에서 넘어지면 쉽게 일어나지 못하고 물을 마시게 되어 기도가 막혀 질식 상태에 이를 수 있습니다. 또한 무릎 높이 이상 되는 물속에서는 자기 몸을 마음대로 가눌 수 없어 위험한 상황에 놓이기 쉽기 때문이에요.

### 머리가 낄 수 있어요

침대와 매트리스 사이, 침대와 벽면 틈, 창틀 등에 머리나 팔다리를 넣는 것은 위험해요. 머리가 끼여 질식하거나 팔다리가 부러질 수 있습니다.

머리나 팔다리가 끼었다면 당황하지 말고 마음을 가라앉힌 다음, 방향을 조금씩 바꿔 빼낼 수 있는지 살펴봅니다.

그래도 안 된다면 함부로 빼내기보다는 큰 소리로 어른에게 도움을 요청해야 해요.

창문 커튼의 끈이나 블라인드 줄에 어린이의 목이 졸려 질식하는 경우가 간혹 있어요. 그러므로 함부로 장난해서는 안 돼요.

만약 끈이나 줄에 목이나 몸이 감겼다면 더욱 조일 수 있으므로 몸부림치지 않아야 해요. 풀리지 않는다면 반드시 어른의 도움을 받아야 합니다.

비닐봉지를 가지고 놀다가 얼굴이 덮이면 허둥거리다 호흡 곤란을 일으켜 질식사할 수 있어요. 또한 바람 빠진 고무풍선을 입안에서 씹고 있다가 갑자기 흡입하면 기도를 막아 위험해요. 고무풍선과 관련된 질식 사고는 나이가 많은 고학년 어린이에게도 많이 발생하므로 이런 행위를 하지 않도록 해야 해요.

위와 같은 질식 사고는 발견 즉시 비닐봉지와 고무풍선을 없애고, 구급대가 도착할 때까지 계속 심폐 소생술 같은 응급 처치를 해야 생명을 구할 수 있답니다.

### 가정 안전사고 예방

우리가 흔히 안전하다고 생각하는 집에서도 화상 사고와 음독 사고 등 많은 사고가 일어날 수 있어요. 따라서 호기심에 물건을 함부로 만지거나 사용해서는 안 됩니다.

증기로 화상을 입으면 뜨거운 물로 입었을 때보다 훨씬 심하게 다칩니다. 증기가 분출되는 밥솥이나 달구어진 다리미를 만지는 것은 매우 위험하지요. 또한 난로 같은 전열 기구도 함부로 만져서는 안 돼요.

싱크대에는 날카로운 가위나 칼이 들어 있으므로 문을 열고 닫을 때 조심해야 합니다. 또 문을 여닫을 때, 손가락이 끼이지 않도록 신경 써야 한답니다.

가구는 모서리가 날카롭고 넘어질 수 있어서 흔들거나 딛고 올라가면 안 됩니다. 움푹 팬 곳에는 머리나 팔다리 등을 넣지 말고요.

콘센트에 손가락이나 젓가락을 넣는 경우가 많은데, 순간적으로 전기 충격을 받아 화상을 입거나 목숨을 잃을 수 있으므로 절대로 해서는 안 됩니다.

모든 약은 반드시 어른들에게 물어보고 먹어야 해요. 어린이는 몸이 작아 대사 작용이 빠르게 일어납니다. 그리고 독성 화학 물질의 위험성을 모르기 때문에 성인보다 중독 관련 안전사고의 위험이 더 크답니다.

호기심에 동전과 단추 같은 조그만 장난감을 입안에 넣는 경우가 있는데, 기도를 막아 숨이 막힐 수 있습니다.

세제는 독성이 낮지만 자극제라서 입이나 눈에 들어가지 않도록 조심해야 합니다.

식물은 독이 없을 거로 생각하지만, 독풀이나 독버섯을 먹으면 위장관 자극 증상을 일으키거나 심하면 목숨을 잃을 수 있습니다.

**위험한 곳에 숨지 않기**

　냉장고와 세탁기 등은 가정에서 흔히 사용하는 가전제품으로 전혀 위험 요소가 없는 것 같지만, 어린이에게는 위험할 수 있습니다. 어린이가 자칫 그 속에 들어갔다가 문이 닫히게 되면 공기가 차단되고 비명도 들리지 않기 때문입니다.

　특히 밖에서는 열 수 있지만, 안에서는 열 수 없는 경우가 많아 절대로 냉장고나 세탁기 등에 들어가지 않아야 합니다.

또한 물건이 쌓여 있는 곳에도 숨지 않아야 합니다. 물건이 쏟아져 다칠 위험이 크답니다.

### 맛있는 음식도 천천히

음식물에 함유된 유독 물질을 섭취하면 설사나 복통, 구토, 피부 발진이 생기는 식중독에 걸릴 수 있어요. 상한 음식은 먹지 말고, 손은 식사 전후에 꼭 비누로 깨끗이 씻어야 해요.

음식을 허겁지겁 먹으면 기도가 막혀 자칫 목숨을 잃을 수 있답니다. 큰 조각의 젤리나 사탕, 음식은 한 번에 삼키지 마세요. 누워서 음식을 먹거나 음식을 입에 넣고 뛰어놀지도 말고요. 가시가 목에 걸렸을 때는 소독한 족집게로 빼내는 것이 좋습니다.

　기도가 완전히 막혔거나 의식이 없는 환자의 복부를 압박하는 응급처치로 '하임리히법(복부 밀쳐 올리기)'이 있어요. 샴페인 마개를 터뜨리는 효과와 원리가 비슷합니다.

　우선 구조자는 환자의 뒤에 서서 주먹을 쥔 채 엄지손가락 쪽을 환자의 배 중앙에 놓습니다. 그다음 다른 손으로 주먹 쥔 손을 감싸고 환자의 배를 등 쪽으로 강하게 밀쳐 올립니다.

　이때 환자의 입에서 이물질이 빠져나왔는지 확인합니다. 계속 의식이 없고 숨을 쉬지 못하면 구급대의 도움을 받아야 합니다.

### 깨진 그릇 치우기

유리잔이나 그릇을 깨뜨렸을 때는 움직이지 말고 부모님이나 어른에게 도움을 청해야 합니다. 손으로 치우려고 하거나 발을 옮겨 딛다가 다칠 수 있기 때문입니다.

만약 집에 혼자 있다면 바닥을 잘 살피면서 발을 옮겨요. 현관으로 가 신발을 신은 뒤엔 장갑을 끼어요. 그런 다음에 빗자루로 쓸어 쓰레받기에 담아 깨진 조각들을 서너 번 치우면 됩니다.

하지만 어른들이 와서 깨끗이 치울 때까지 떨어져 있는 게 좋습니다.

**위험한 장난 하지 않기**

부주의한 장난감 사용으로도 다칠 수 있습니다. 잘 가지고 놀면 재미있는 장난감이지만, 조심하지 않으면 위험한 흉기가 될 수 있어요.

장난감 무기류 안전사고 접수 건수는 매년 증가하는 추세인데, 그중에서도 비비탄 총 관련 사고가 무려 73.5%를 차지하고 있습니다.

비비탄 총을 얼굴에 맞게 되면 매우 위험해요. 장난감이라 해도 총의 구조와 형태로 되어 있기 때문이에요. 눈과 치아가 손상될 수 있는데, 특히 눈에 맞으면 치명적이에요.

피가 날 수 있고 백내장이 생길 수도 있어요. 심할 때는 망막과 시신경 등이 손상될 수 있으니 절대로 사람을 향해 쏘지 말아야 해요.

플라스틱 칼도 함부로 휘두르면 날카로운 모서리에 찔리거나 상처를 입을 수 있습니다.

장난을 치다가 다쳤을 때 혼날까 봐 숨기기도 하는데, 상태의 악화를 막으려면 빨리 알리고 치료해야 합니다.

##  알아두면 좋은 응급 처치 방법 - 심폐 소생술

'응급 처치'는 갑작스러운 병이나 상처의 위급한 고비를 넘기기 위해 임시로 하는 치료예요. 생명을 지키고, 상태의 악화를 막고, 빠른 회복을 돕기 위해 꼭 필요해요.

### 가슴 압박

환자의 가슴 옆에 무릎을 꿇고 앉아 환자 웃옷의 단추를 풀어요.

환자의 양쪽 젖꼭지 가운데에다 두 손을 겹쳐 놓고 팔이 수직이 되게 해요.

심폐 소생술은 7단계로 나누어져요.(출처 : 국가 건강 정보 포털)
1. 반응 및 호흡 확인 → 2. 구조 요청 → 3. 가슴 압박 → 4. 기도 열기 → 5. 인공호흡 → 6. 가슴 압박과 인공호흡의 반복 → 7. 자동 제세동기(심장 충격기) 사용

몸의 힘을 이용해서 환자의 가슴이 5~6센티미터 부풀어 오르도록 손으로 힘껏 눌러요.

응급 의료 상담원의 지시를 따릅니다.

어린이의 체격을 고려해 알맞은 방법으로 해야 합니다.

1분에 100~120회 실시해요. 환자가 어린이고 어른이 흉부를 압박할 때는 한 손이나 손가락 두 개를 이용해서 30회 실시해요.

**인공호흡**

호흡이 정지된 사람이나 호흡 곤란을 겪는 사람에게 인위적으로 폐에 공기를 공급하여 호흡할 수 있게 도와요.

한 손으로 환자의 턱을 올린 뒤, 다른 손으로는 환자의 코를 엄지와 검지로 꼭 막아요.

숨을 크게 들이마셔서 환자의 입에 훅 불어넣어요. 이때 환자의 가슴이 부풀어 올라야 해요.

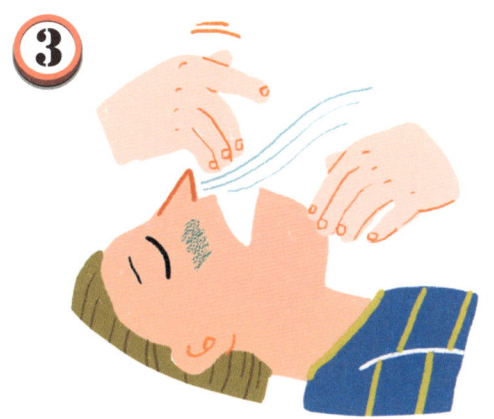

③ 환자가 숨을 내쉴 수 있도록 코에서 손가락을 떼요.

④ 구조대가 도착할 때까지 '가슴 압박 30회 : 인공호흡 2회'의 비율로 반복해요.

심폐 소생술은 어린이도 할 수 있어요.

나도 나도!

환자가 어른일 때는 1분에 12회, 어린이일 때는 15회 실시해요.

# 3 너도나도 지키자 학교 안전

### 안전하게 계단 오르내리기

복도와 계단에서는 반드시 우측통행을 해야 하는데, 천천히 걸어서 다른 사람의 활동을 방해하지 않아야 해요. 여러 사람이 함께 계단을 오르내릴 때는 앞사람과 닿지 않도록 간격을 두어야 합니다.

계단에서 뛰거나 두세 칸씩 오르내리다가 헛디뎌 구를 수 있고, 한눈을 팔면 발을 잘못 디뎌 다치게 되니 주의해야 해요. 계단을 오르내릴 때는 난간을 잡고 이동해야 안전합니다.

계단 난간을 넘거나 타고 내려오는 등의 위험한 행동은 절대 하지 않도록 하고, 친구를 밀치거나 잡아당기는 등의 장난도 하지 말아요.

비나 눈이 오는 날에는 특히 미끄러우니 조심합니다.

**심한 장난은 안 돼요!**

친구끼리 심심풀이 삼아 장난을 치는데, 심한 장난은 폭력이 될 수 있어요. 단순한 장난이라도 상대방은 괴로워할 수 있음을 명심해야 해요. '따귀 때리기' 같은 심한 장난은 쉽게 싸움으로 번질 수 있고, 고막을 다칠 수도 있어요.

공기의 진동을 속귀 쪽으로 전달하여 들을 수 있게 해 주는 고막은 두께가 0.1밀리미터밖에 안 되는 아주 얇은 막이에요. 피부층, 중간층, 점막층 세 층으로 되어 있으나, 일부분은 두 층으로 되어 있어 상대적으로 약한 부분이 있으니 조심해야 해요.

'기절 놀이'를 한다면서 목을 조르는 짓도 절대로 해서는 안 돼요. 목을 조르면 뇌에 산소 공급이 안 되어 뇌 손상이 발생할 수 있으며, 심할 경우 질식사의 위험이 있어요.

친구의 발을 걸어 넘어뜨리거나 의자에 앉으려는 친구의 의자를 몰래 빼는 장난도 위험합니다.

칼, 가위 등 위험한 물건으로 장난치거나 뾰족한 연필 등으로 장난을 치면 다치기 쉬우므로 조심해야 해요.

**수업 시간 안전 수칙**

체육 시간에 운동할 때는 준비 운동부터 해야 해요. 선천적으로 몸이 약하거나 질병이 있을 때는 미리 선생님께 말씀드리도록 합니다.

개인 운동 기구는 반드시 한 사람씩 사용하고, 하기 어려운 운동은 무리하게 따라 하지 않습니다.

모든 운동은 난이도에 따라 쉬운 것부터 차근차근히 해나가는 게 좋아요. 매트나 뜀틀 운동을 할 때는 앞사람의 운동이 완전히 끝날 때까지 기다렸다가 해야 해요.

미술 시간에는 미술 도구나 재료를 함부로 입에 넣으면 안 돼요. 재료에 따라 피부에 닿는 것만으로도 해로울 수 있어요.

모든 도구와 재료는 정돈해 가며 사용하고, 친구들이 날카로운 것에 찔리거나 걸려 넘어지는 일이 없도록 해야 해요. 바닥에 떨어뜨리거나 흘렸을 때는 즉시 줍거나 닦고요.

과학 실험할 때는 실험복을 입고, 필요하면 마스크와 고무장갑을 착용해야 해요. 선생님의 허락 없이 시약을 맛보거나 냄새 맡기, 만지기 등을 해서는 안 돼요.

특히 유리로 된 실험 도구가 깨지면 다칠 위험이 크므로 주의해야 해요. 만약 알코올램프가 엎질러져 불이 나면 물을 끼얹거나 모래를 뿌립니다. 수업 중에 실험 도구로 친구들과 장난해서는 안 되고요.

### 즐거운 운동, 맛있는 점심

운동장에 있는 놀이 기구를 사용할 때는 사용 방법을 익혀서 안전하게 이용해야 해요. 운동장 바닥에는 날카로운 쇳조각이나 유리조각이 있을 수 있으므로 맨발로 놀지 않고요.

철봉은 디딤판을 이용해 낮은 것부터 충분히 연습한 다음 단계적으로 이용하고, 여름철에는 햇볕에 심하게 달구어지는 경우가 있으므로 주의해야 해요.

공놀이할 때 공을 줍기 위해 담을 넘거나 차도로 뛰어들면 위험하므로 조심해야 합니다.

쉬는 시간에 복도나 교실에서 공놀이나 술래잡기 놀이를 하지 않아야 해요. 공에 맞아 친구들이 다칠 수 있어요.

창틀에 올라가서 밖을 보거나 윗몸을 밖으로 내밀면 위험해요. 창틀에 기대어 앉는 행위도 해서는 안 됩니다.

"금강산도 식후경"이란 속담처럼 배가 불러야 흥이 나지요? 즐겁게 식사하려면 급식 시간에도 안전을 먼저 생각해야 해요.

차례로 줄 서서 천천히 배식을 받고, 뜨거운 음식을 운반할 때는 흘리거나 튀지 않도록 조심해야 해요. 젓가락이나 포크로 장난은 하지 마세요.

# 4 지키는 만큼 편리한 전기, 가스, 불

### 찌릿찌릿 전기를 조심해!

전기, 가스, 불 등은 우리 생활에서 없어서는 안 될 중요한 에너지예요. 가장 편리하게 이용하는 방법은 안전하게 사용하는 것이랍니다.

전기가 통하고 있는 도체(導體)에 신체 일부가 닿아 순간적으로 충격받는 것을 '감전'이라 하는데, 화상을 입거나 목숨을 잃기도 해요. 몸의 조직을 과열시켜 정상적인 신경을 파괴하고 심하면 호흡 중추 신경을 건드리기 때문이에요.

물은 전기가 잘 통하므로 젖은 손으로 전기 기구를 만지면 안 돼요. 콘센트에 젓가락을 집어넣거나 전선, 코일이 감겨 있는 전자제품을 함부로 만져서도 안 됩니다.

장마철에는 습기가 많아 더더욱 조심해야 해요. 특히 젖은 신발과 슬리퍼는 감전 사고에 노출되기 쉽답니다. 물에 잠겼던 가전제품을 그대로 사용하면 감전 사고의 위험이 있어요. 마른 천으로 물기를 제거하고 말린 뒤, 점검을 받고 나서 사용해야 합니다.

감전 사고가 발생했을 때는 감전된 사람을 직접 만져서는 안 되고, 우선 플러그, 퓨즈 상자에서 전기를 단절시킵니다. 전기 차단이 어려우면 막대를 이용해 떼어 놓습니다. 그다음에 숨을 쉬는지 확인하고 빨리 구조를 요청해야 합니다.

### 전기 기구 안전하게 사용하기

전기장판 같은 전기 기구를 사용할 때는 온도 조절기 등에 이상이 생기지 않도록 충격에 주의해야 해요. 전선이나 제품의 훼손 상태를 수시로 확인하고 전원 코드 주위의 먼지는 제거합니다. 사용하지 않거나 외출할 때는 반드시 전원을 차단해야 합니다.

전기장판은 이불 접듯이 접으면 화재의 위험성이 커지므로 특정 부분이 접히거나 압력이 가해지지 않도록 해야 하고요.

고열이 발생하는 기구는 열이 잘 발산되게 하고 불에 잘 탈 수 있는 물질이나 물건을 가까이 두지 않아야 해요.

한 콘센트에 여러 개의 전기 기구를 연결해 쓰면 한꺼번에 많은 전류가 흐르게 되어 화재의 위험이 있어요. 콘센트는 문어발식으로 사용하지 말아야 해요.

플러그가 콘센트에 완전히 접속되지 않으면 과열되어 불이 날 수 있으므로 깊숙이 꽂습니다. 뽑을 때는 전선을 잡아당기면 전선이 끊어지거나 합선이 될 우려가 있으니 반드시 플러그를 잡고 뽑아야 합니다.

**감전 사고 완전 대비**

폭풍 등으로 전선이 늘어지거나 전선이 물에 잠겨 있을 때는 절대로 가까이 가지 말고, 즉시 한국 전력(국번 없이 123)으로 연락해야 해요.

비가 올 때 외출해야 한다면 고무장화를 신고 손잡이가 플라스틱으로 되어 있는 우산을 써야 좋습니다. 길을 걸을 때는 맨홀과 전선을 피해서 다녀야 해요.

감전사고 완전대비
사실 고무장갑 끼고 싶지만

　벼락이 칠 때는 몸에서 금속체를 멀리 떼어 놓고, 나무나 전봇대 밑에는 머물지 말고 주위에 건물이 있으면 들어가서 멈추기를 기다려요. 피할 곳이 없는 평지에서는 몸을 굽히고 다리를 오므린 상태로 엎드려야 합니다.

### 가스 안전 수칙

가스를 사용하기 전에는 반드시 환기해야 해요. 우선 가스가 새지 않았는지 냄새로 확인하고, 창문을 열어 실내의 탁한 공기를 맑은 공기로 바꾸어야 합니다.

가스 불을 켤 때는 불이 붙었는지 꼭 확인해요. 파란 불꽃이 되도록 조절하고, 가능한 한 사용 중에 자리를 떠나지 않는 것이 좋습니다. 가스레인지 주위에는 불에 잘 탈 수 있거나 타기 쉬운 물건을 가까이 두지 않고요.

가스를 안전하게 사용하려면 꾸준히 점검해야 해요. 점검하는 요일을 정해 놓고 수시로 실행하는 습관을 길러두면 좋습니다.

비누나 세제로 거품을 내어 배관과 호스 등에 발라 거품이 일어나는지를 봅니다. 비눗방울이 발생하면 가스가 새고 있는 것이니 중간 밸브를 잠그고 판매점 등에 연락해 고쳐야 해요.

사용 뒤에는 점화 콕과 밸브를 꼭 잠그고, 자기 전이나 외출할 때 잠겨 있는지 확인합니다.

**화재 사고 예방법**

화재 사고는 성장기에 있는 어린이에게 치명적인 피해를 가져와요. 회복 기간이 길고 반복적인 수술이 요구되어 많은 후유증을 남깁니다.

따라서 철저한 예방으로 막는 것이 중요해요. 화재 사고에는 다양한 유형이 있어요. 전기로 인한 화재, 담뱃불 화재, 불장난 화재, 가스 화재, 방화, 유류 화재, 불티 화재 등이에요.

　화재를 예방하기 위해서는 무엇보다 화재가 발생할 수 있는 불씨를 제거하는 게 중요합니다. 화재 위험 요소는 주위에서 흔히 볼 수 있는 것들이므로 더욱더 주의해야 해요.

　그렇다면 대표적 화재 사고 예방법에는 어떤 것이 있을까요? 첫째, 문어발식 배선은 사용하지 말고, 전기 기구를 사용하지 않을 때는 스위치를 끄고 플러그를 뽑아둡니다.

　둘째, 전기 기구를 살 때는 안전 인증을 받은 것인지 확인해야 합니다. 셋째, 가스를 켜기 전에는 반드시 냄새를 맡아 확인하고 환기시키며, 사용 뒤에는 점화 콕과 밸브를 잠급니다.

　넷째, 성냥이나 라이터 등으로 불장난을 하거나 나무, 기름, 종이가 많은 곳에서 폭죽놀이를 하지 않습니다.

### 불이 났을 때 대처 방법

먼저 불을 발견하면 "불이야!"하고 큰 소리로 외쳐 다른 사람에게 알리고 화재 경보 비상벨을 누릅니다. 그리고 신속히 구조대에 신고합니다.

엘리베이터는 전기가 끊겨 고립될 수 있고, 질식의 우려가 있으므로 이용하지 말아야 합니다. 계단을 이용하되 아래층으로 대피하기 어려울 때는 옥상으로 대피합니다.

불길 속을 통과할 때에는 물에 적신 담요나 수건 등으로 몸과 얼굴을 감쌉니다. 연기가 많을 때는 코와 입을 젖은 수건 등으로 막고 낮은 자세로 이동합니다.

문을 열기 전에는 손잡이를 만져 보아야 합니다. 뜨겁지 않으면 문을 조심스럽게 열고 밖으로 나갑니다.

출구가 없으면 연기가 방 안에 들어오지 못하도록 문틈을 물에 적신 옷이나 이불로 막고 구조를 기다립니다.

만약 옷에 불이 붙었을 때는, 우선 멈추어 두 손으로 눈과 입을 가리고 바닥에서 불이 꺼질 때까지 뒹굽니다. 눈과 입을 가리는 것은 얼굴에 화상을 입거나 폐에 연기가 들어가는 것을 막기 위함이에요.

### 장난 전화는 안 돼요!

불이 났을 때 소방서에 신고하는 요령을 알아두면 좋습니다. 먼저 침착하게 전화 119번을 누르고 불이 난 내용을 간단하고 뚜렷하게 설명합니다.

예를 들면 "우리 집 거실 콘센트에서 불이 났어요."처럼 화재 발생 장소와 화재의 종류 등을 말합니다.

정확한 주소를 알려 주고, 소방서에서 알았다고 할 때까지 전화를 끊지 않습니다.

공중전화는 빨간색 긴급 통화 버튼을 누르면 돈을 넣지 않아도 긴급 신고 통화를 할 수 있습니다. 사용이 제한된 휴대 전화나 개통이 안 된 휴대 전화로도 긴급 신고가 가능합니다.

절대로 장난 전화를 해서는 안 됩니다. 허위 신고로 소방관이나 경찰이 출동하면 정말 도움이 필요한 사람이 도움을 받지 못할 수도 있어요.

더욱이 폭발물 설치처럼 대형 사고로 번질 수 있는 신고의 경우엔 확인할 때까지 많은 수고와 노력이 들고, 큰 피해가 발생할 수 있습니다.

### 승강기 안전사고 예방법

승강기는 용도에 맞게 사용하고 탑승 정원과 적재 하중을 넘기지 않고 이용해야 해요. 고장과 사고의 원인이 될 수 있기 때문이에요.

어린이는 될 수 있으면 보호자와 함께 타고, 애완동물은 안고 타야 합니다. 운행 중인 엘리베이터 안에서 뛰거나 장난치면 안 되고요. 버튼을 불필요하게 누르거나 난폭하게 다루어서도 안 됩니다.

출입문에 기대거나 강제로 열면 안 되고, 문턱 틈이나 문 사이에 이물질을 버려서도 안 돼요.

사용 중지나 고장, 점검 중인 승강기는 절대로 이용하지 말고, 엘리베이터가 운행 중에 고장 나면 침착하게 인터폰으로 구조를 요청한 뒤 승강기 안에서 조용히 기다립니다.

에스컬레이터는 옷이나 물건이 틈새에 끼는 사고가 자주 발생하므로 노란색 안전선 안으로 타서 핸드 레일을 잡습니다.

계단에 앉거나 주행 방향을 거슬러 타는 장난은 위험하므로 절대 하지 않습니다. 동전과 열쇠 등은 떨어뜨리지 않도록 가방이나 주머니에 넣도록 하고요.

##  알아두면 좋은 소화기 사용 방법

①

소화기의 안전핀을 뽑아요.

②

바람을 뒤로 하고, 호스를 불쪽으로 향하게 잡아요.

손잡이를 꽉 잡아요.

빗자루로 쓸 듯이 소화액을 뿌려요.

# 5 시작 전에 안전 점검, 재미있는 야외 활동

## 놀이터 안전사고 예방법

놀이터나 놀이공원에서 놀 때는 몸에 맞는 옷을 입고, 놀이 기구에 낄 수 있으므로 끈이 달려 있거나 늘어지는 옷은 피합니다. 놀이 공간이 아닌 공사장이나 환풍구, 맨홀 위에서는 절대 놀지 말고요.

놀이 기구별 사용법과 안전 수칙을 배워서 지켜야 해요. 그네는 완전히 멈춘 뒤에 타고 내리고, 중앙에 앉아서 탑니다. 미끄럼틀을 이용할 때는 손잡이를 잡고 올라가고, 다른 사람을 밀거나 당기지 않습니다. 엎드려 타거나 서서 타지 말고요.

시소는 함께 타는 친구와 서로 등지고 타지 않고, 두 손으로 손잡이를 꼭 잡고 탑니다. 갑자기 내리면 상대방이 다칠 수 있으므로 꼭 알리고 내립니다.

정글짐을 이용할 때는 두 손으로 꽉 쥐고 오르내립니다. 꼭대기에서 거꾸로 매달리거나 걷거나 뛰어내리면 안 됩니다.

회전 놀이 기구는 회전 중에 뛰어내리거나 뛰어오르지 않고, 트램펄린은 충분한 준비 운동 뒤에 바른 자세로 이용합니다.

**물놀이 안전사고 예방법**

국민 안전처 조사 결과를 보면, 물놀이 사망 사고의 가장 큰 원인은 수영이 서투르고 구명조끼를 착용하지 않았기 때문이라고 해요. 그렇지만 물놀이 사고 역시 미리 조심한다면 충분히 막을 수 있어요.

바닷가에서는 수영 가능 지역이라는 표시가 있는 곳에서만 수영하고, 파도가 높은 곳에서는 물놀이하지 않습니다. 모래 속에 조개껍데기나 뾰족한 돌, 깨진 유리병 등 날카로운 물질이 있을 수 있으므로 항상 신발을 신고 다녀야 해요. 자신의 키보다 깊은 물이나 먼 바다로는 들어가지 않아야 하고요.

물속에서 샌들은 불편하다고~

계곡이나 강에서도 물살이 센 곳에서는 수영하지 않습니다. 신발이나 물건이 떠내려가면 어른에게 도움을 청합니다. 경험이 없는 어린이들은 구명조끼를 착용해야 해요.

수영장 안에서는 수영 모자와 물안경을 씁니다. 초보자는 자신의 가슴보다 깊은 물에는 들어가지 않습니다. 친구를 수영장 안으로 갑자기 밀거나 장난치면 위험해요.

수영장 안은 물기로 미끄러질 위험이 크므로 뛰지 않습니다. 또 아무 곳에서나 다이빙하지 않습니다.

### 물놀이 안전 수칙

어린이가 알고 있어야 할 물놀이 안전 수칙에는 무엇이 있을까요? 우선 수영하기 전에는 손발 등의 경련을 방지하기 위해 반드시 준비 운동을 하고 구명조끼를 착용해야 합니다.

부모님이나 선생님, 안전 요원들이 지켜볼 수 있는 곳에서 물놀이해야 하는데, 물에 들어가기 전 심장부터 다리, 팔, 얼굴, 가슴 등의 순서로 물을 적신 뒤 들어갑니다.

햇볕이 뜨거울 때는 그늘에서 충분히 쉬고, 햇볕을 쬘 때는 피부 화상을 막기 위해 긴소매 옷을 입고 물놀이를 합니다.

건강 상태가 좋지 않을 때나 몹시 배가 고플 때, 식사 직후에는 수영하지 않습니다. 수영 도중 몸에 소름이 돋고 피부가 땅길 때는 물에서 나와 몸을 따뜻하게 감싼 뒤 휴식을 취하고요.

물놀이할 때 친구를 물속으로 밀거나 얼굴에 물을 뿌리는 등의 지나친 장난은 위험해요. 자신의 수영 능력을 지나치게 믿고 무리한 행동을 하는 것도 삼가야 하고요.

위험한 일이 생기면 도와달라고 소리를 지르거나, 먼 곳에서도 볼 수 있도록 한 손을 높이 들어 좌우로 크게 흔들어야 합니다.

　물에 빠진 사람을 발견하면 주위에 소리쳐 알리고 무리하게 물속에 뛰어들지 않습니다. 수영에 자신이 있더라도 튜브나 스티로폼 등을 이용해 안전하게 구조합니다.

### 갯벌도 위험해!

모래 점토질의 평탄한 갯벌에서도 사고가 일어날 수 있어요. 갯벌은 진입로를 이용해 출입하며, 절대로 어린이 혼자 들어가지 않도록 해야 해요.

갯골 주변의 갯벌은 물이 많아 발이 빠지는 경우가 많으니 가까이 가지 않습니다.

갯벌에는 조개껍데기 등이 있으므로 맨발로 들어가서는 안 돼요. 발에 잘 맞는 장화를 신고 긴 소매 옷을 입어야 화상을 예방해요. 탈수 예방을 위해선 물을 준비하고요.

갯벌에 발이 깊이 빠지면 뒤로 반듯이 누워 헤엄을 치듯이 빠져나옵니다.

갑자기 안개가 끼면 즉시 갯벌에서 나오고, 방향을 잃었을 때는 조류 때문에 생긴 물결 모양 결(연흔)의 방향을 살펴보세요. 경사가 완만한 연흔의 직각 방향으로 나오면 육지 쪽으로 나올 수 있어요.

**눈길 사고를 막아요!**

눈 오는 날, 신발은 바닥이 미끄러운 구두보다는 홈이 파여 있는 운동화가 좋아요. 옷은 운전자 눈에 잘 띄는 밝은색이 낫고요.

　귀마개는 너무 두꺼우면 자동차 경적을 들을 수 없으므로 얇은 것이 좋아요. 두꺼운 목도리를 두르고 털모자를 쓰면 넘어져도 충격이 덜해 안전하고요.

　가능한 한 양손에는 물건이나 가방을 들지 않아야 합니다. 우산은 앞을 잘 볼 수 있도록 눈보다 약 30도 정도 높이 들어 주는 것이 안전합니다.

　양손은 주머니에 넣지 않고 꼭 장갑을 낍니다. 손이 주머니 속에 있으면 행동이 느려지고, 넘어지거나 차가 오는 경우 곧바로 대응할 수 없기 때문입니다.

　빙판길은 되도록 피하고, 미끄러져 찻길로 넘어지는 일이 없도록 차도로부터 멀리 떨어져 걷고요.

### 안전한 등산을 위해 준비할 일

산에 갈 때는 얇은 옷을 여러 겹 입어 체온 조절을 적절하게 할 수 있도록 해야 해요. 추운 날씨가 아니더라도 두꺼운 옷을 준비하는 게 좋습니다. 위로 올라갈수록 기온이 낮아져 체온이 떨어지기 쉽기 때문이에요.

등산화는 발에 잘 맞고 통기성과 방수성이 좋은 것을 신고, 바닥 전체로 땅을 밟고 안전하게 걷습니다.

배낭에는 날씨가 나빠질 것을 대비해 비옷과 예비 건전지, 구급약, 비상식량 등을 담고 손에는 될 수 있으면 물건을 들지 않습니다.

등산은 아침 일찍 시작해 해지기 한 두 시간 전에 마치는 것이 좋아요. 보폭을 너무 넓게 하지 말고 늘 일정한 속도로 걷고, 썩은 나뭇가지나, 불안정한 바위를 손잡이로 사용하지

말아요.

산에서는 아는 길도 자주 지도를 보고 확인해야 해요. 길을 잘못 들었을 때는 당황하지 말고, 아는 위치까지 되돌아가서 다시 확인해요. 길을 잃었을 때는 계곡을 피하여 능선으로 올라가요.

내려갈 때는 자세를 낮추고 발아래를 잘 살펴 안전하게 딛습니다. 산행 중에는 한꺼번에 너무 많이 먹지 말고, 조금씩 자주 음식을 먹는 것이 좋습니다.

### 야생 동물을 조심해!

멧돼지의 습격으로 사람들이 다치고, 죽는 사고까지 일어나고 있어요. 도심에 나타나는 일도 많이 늘어나고 있는데, 이는 무분별한 개발로 서식지가 파괴되고 먹이가 부족하기 때문이에요.

만약 산이나 길에서 멧돼지를 만나면 어떻게 해야 할까요? 가장 손쉽고 효과적인 방법은 등을 보이지 않는 거예요. 야생 동물은 상대가 등을 보이고 달아나면 공격하는 습성이 있어요. 등을 보이고 달리는 행동이 오히려 동물을 자극하고 위기에 빠뜨릴 수 있답니다.

멧돼지를 쫓거나 공격하는 행동도 위험하니 절대로 해서는 안 돼요. 안전하게 시설물 뒤나 높은 곳으로 몸을 피한 뒤에 구조를 요청하세요.

야생 동물을 만나면 일단 눈을 피하지 말고 똑바로 바라봐요. 눈을 마주친다는 게 쉬운 일은 아니지만, 눈을 바라보고 천천히 뒷걸음질 치면서 야생 동물과 거리를 둡니다. 움직임을 작게 하고, 조용히 그 자리에서 벗어나고요.

우산이 있다면 펼치고 서 있어요. 우산을 바위로 착각해서 공격하지 않는다고 해요. 곰을 만나면 죽은 척하라는 말이 있는데, 절대로 안 돼요!

**애완동물도 무서워!**

개와 고양이 같은 애완동물은 야성적 본능으로 물 수 있어서 먹고 있을 때나 잠자고 있을 때, 새끼를 돌보고 있을 때는 만지면 안 돼요.

애완동물에게 지나친 애정 표현은 하지 말고, 정기적인 예방 접종과 위생 관리를 철저히 해야 해요. 일주일에 한 번 이상 목욕을 시키고 광견병을 비롯한 전염병 예방 주사를 꼭 맞혀야 합니다.

애완동물을 만진 뒤에는 반드시 손을 씻고, 만약 물렸다면 흐르는 물로 물린 상처 부위를 깨끗이 씻고 소독약을 바릅니다.

상처가 가벼워도 주인 없는 개나 고양이에게 물렸다면 반드시 그날 안으로 병원에서 치료를 받아야 합니다.

### 화가 난 벌 피하기

벌은 사람이 직접 공격하지 않으면 사람을 공격하지 않아요. 그러므로 벌이 있는 곳에는 가지 말아야 해요.

벌집을 건드렸을 때는 벌을 자극할 수 있는 큰 동작은 하지 말고, 최대한 몸을 낮춥니다. 벌집에서 떨어진 곳으로 납작 엎드린 채 옮겨간 뒤엔 수건이나 옷으로 머리를 감싸고 움직이지 않습니다. 벌은 움직임에 민감하므로 최대한 움직임을 작게 하는 것이 좋아요.

벌에 쏘이면 벌침을 빼내야 하는데, 신용 카드 등의 모서리로 살살 긁어냅니다. 벌침 끝부분에 남아 있는 벌 독이 몸 안으로 들어갈 수 있어서 손이나 핀셋으로는 잡아 뽑지 않아야 해요.

벌침을 제거한 뒤에는 2차 감염을 예방하기 위해 비눗물로 상처 부위를 깨끗이 씻고, 얼음찜질을 해서 부기를 가라앉힙니다. 만약 구토나 설사, 어지러운 증상이 나타나면 병원에서 치료받습니다.

### 독충 주의보

혹시 뱀을 만나게 되면 당황하지 말고 재빨리 피하는 게 좋습니다. 실수로 뱀을 밟거나 건드려 물렸을 때는 안전한 곳으로 대피해야 해요. 뱀은 공격한 대상을 다시 공격하는 특성이 있기 때문이에요.

독이 퍼지는 것을 막으려면 움직임을 작게 해야 합니다. 또 물린 부위를 심장보다 낮은 위치로 가게 해야 심장으로 피가 몰리는 것을 막아 줍니다.

물린 부위의 아래, 윗부분 각각 3~5센티미터엔 피가 통하지 않도록 끈이나 손수건 등으로 묶어 독이 퍼지지 않도록 합니다.

만약 독사에 물렸다면 물린 부위를 양손의 엄지로 꾹꾹 눌러 피를 빼내야 합니다. 물린 부위를 칼로 째거나 입으로 독을 빨아내는 것은 좋은 방법이 아닙니다. 응급 처치 뒤에는 빨리 가까운 병원으로 이동해 치료를 받아야 하고요.

지네나 거미 등 독충에 물렸을 때는 상처 부위를 깨끗하게 소독해야 해요. 흐르는 물에 깨끗하게 씻은 다음 소독약을 발라 주는 것이 좋습니다. 사람마다 독에 반응하는 정도가 다르므로 어지럽거나 열이 나는 등 이상 증세가 나타나면 병원에서 치료받도록 합니다.

**전염병 예방법**

　쯔쯔가무시병, 신증후성 출혈열(유행성 출혈열), 렙토스피라증 등 야외 활동 때 감염될 수 있는 전염병들은 예방이 가장 중요합니다.

　감염 경로는 다르지만 모든 질환이 몸살감기와 비슷한 증상을 보여 치료가 늦어질 수 있고, 합병증이 생기거나 심하면 목숨을 잃을 수 있기 때문이에요.

　쯔쯔가무시병은 진드기 유충이 피부에 붙어 피를 빨아먹은 부위에 딱지가 생기면서 궤양 증상이 나타나는 병입니다. 빨리 치료하지 않으면 2주 정도 몸에 열이 나고 아프며 심하면 뇌수막염이 생기거나 난청 등 귀 건강에도 치명적일 수 있습니다.

신증후성 출혈열은 들쥐의 배설물을 통해 호흡기 또는 상처를 통한 직접 접촉으로 전염되는 병인데, 심하면 각종 장기에서 출혈이 일어나기 때문에 초기에 치료해야 해요.

　렙토스피라증은 감염된 동물의 소변으로 오염된 물, 습한 흙, 식물 등에 상처가 생긴 피부나 점막 등이 접촉되어 감염되는 병으로, 심하면 황달과 신부전을 보이게 됩니다.

　이러한 질병을 예방하기 위해서는 야외 활동을 할 때 긴 옷을 입고 장화와 장갑 등을 착용하는 것이 좋습니다. 풀밭에서 눕거나 자지 않고, 야외 활동을 한 뒤에는 옷의 먼지를 털고 나서 세탁을 하고 목욕도 해야 합니다.

##  알아두면 좋은 응급 처치 방법
### - 부목 대는 법

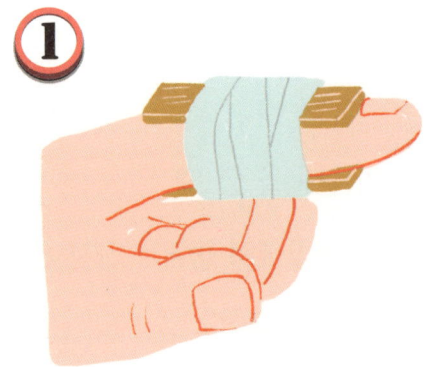

손가락이나 발가락이 부러졌을 때는 부러진 부분의 위아래로 부목(종이 상자 등을 이용해도 됨)을 대고 천으로 묶어요. 혈액 순환이 되어야 하므로 너무 세게 묶으면 안 돼요.

위팔뼈가 부러졌을 때는 어깨에서 팔꿈치까지 부목을 대고 천으로 묶어요. 만약 피가 나거나 찢어진 곳이 있다면 상처를 치료하고 부목을 대야 해요. 그다음 팔과 목을 큰 천으로 둘러서 묶어요.

아래팔뼈가 부러졌을 때는 팔꿈치에서 손끝까지 부목을 대고 천으로 묶어요. 그다음 팔과 목을 큰 천으로 둘러서 묶어요.

넓적다리가 부러졌을 때는 겨드랑이 밑에서 발꿈치까지, 정강이뼈가 부러졌을 때는 넓적다리 중간에서 발끝까지 부목을 대고 천으로 묶어요.

# 6 대비하자 재난 사고

### 큰비에 대처하기

'호우'는 일반적으로 짧은 시간에 많은 양의 비가 내리는 것을 말해요. 6시간 강우량이 70밀리미터 이상, 12시간 강우량이 110밀리미터 이상으로 예측될 때는 호우 주의보를, 6시간 강우량이 110밀리미터 이상, 12시간 강우량이 180밀리미터 이상으로 예측될 때는 호우 경보를 발령합니다.

큰비로 홍수나 침수가 예상될 때는 라디오나 텔레비전 등을 통해 기상 예보와 호우 상황을 잘 알아두어야 해요.

　피난 가능한 장소와 길을 미리 알아두고, 비탈면이나 산사태가 일어날 수 있는 지역에는 가까이 가서는 안 돼요. 특히 물살이 센 계곡이나 물에 잠긴 다리 등은 건너지 않아야 해요.

　물이 밀려들면 전기 차단기를 내립니다. 수도와 가스 밸브를 잠그고 나서 높은 곳이나 지정된 대피소로 대피합니다.

　대피했다가 집에 돌아왔을 때는 바로 들어가지 말고, 무너질 위험이 없는지 살펴보고 들어가야 합니다. 수돗물과 가스, 전기도 안전 여부를 반드시 조사한 뒤에 사용하고요.

### 태풍 시 행동 요령

태풍이 올 때는 집 밖으로 나가지 말아야 해요. 센 바람 탓에 부러진 나무나 간판 등이 날아와 다칠 위험이 크기 때문이에요.

태풍 때는 텔레비전이나 라디오 등으로 태풍의 진로와 도달 시간을 알아둡니다.

창문이 심하게 흔들리면 유리가 깨지는 것을 막기 위해 X자 모양으로 테이프를 붙여두는 게 좋아요. 창문에 젖은 신문지를 붙여 놓는 것도 좋고요.

천둥 번개가 치면 전기 제품의 스위치를 끄고, 콘센트를 빼놓습니다. 대피할 때는 수도와 가스, 전기를 차단하고 실외에서는 전봇대나 가로등, 신호등을 손으로 만지지 않습니다. 공사장 근처나 물에 잠긴 도로를 걷지 않고요.

정전 때 사용 가능한 손전등을 준비하고 가족 간의 비상 연락 방법과 대피 방법을 미리 의논합니다.

### 지진 발생 시 대처 방법

'지진'은 지구 내부 힘으로 땅속의 거대한 암반이 갈라지면서 그 충격으로 땅이 흔들리는 현상을 말해요. 우리나라는 비교적 안정된 지진대에 있고, 일본이나 중국처럼 지진으로 인한 피해가 많은 나라는 아니에요.

그러나 사람이 느낄 수 있는 규모 3.0 이상의 지진이 매년 9회 정도 발생하고 있고, 지진이 일어나는 횟수도 점점 늘어나고 있어요. 자연재해는 예고 없이 닥칠 수 있으므로 대비는 철저히 해야 해요.

지진이 일어나면 집에서는 식탁이나 탁자 밑으로 들어가 몸을 피합니다. 문을 열어서 출구를 확보하고 가스와 전기 등은 차단합니다.

지진 발생 때는 유리창이나 간판 등이 떨어져 대단히 위험하므로 밖으로 뛰어나가면 안 돼요. 엘리베이터를 사용하지 말고, 타고 있을 때는 모든 버튼을 눌러 신속하게 내린 뒤 대피합니다. 만일 갇혔을 때는 인터폰으로 구조를 요청해요.

만약 야외에 있다면 손이나 가방 등으로 머리를 보호하고 위험물로부터 몸을 피합니다. 담장이나 대문, 기둥 등에는 가까이 가지 않습니다. 빌딩가 등에 있을 때는 상황에 따라서 건물 안에 들어가는 것이 오히려 안전합니다.

산이나 바다에 있다면, 산사태가 일어날 수 있는 위험 지역에서 빨리 대피해야 해요. 대피할 때는 짐을 최소한으로 줄인 뒤 걸어서 이동하는 것이 좋습니다.

### 화산 또는 해일 시 대처 방법

 땅속에 있는 가스나 마그마가 지각의 약한 틈을 뚫고 짧은 시간 동안 한꺼번에 지표 밖으로 뿜어져 나오는 현상을 '화산 활동'이라고 해요.

 화산 현상이 발생하면, 문이나 창문을 닫고 물을 묻힌 수건을 문의 빈틈이나 환기구에 둡니다. 실바람이 들어오는 창문에는 화산재가 들어오지 못하도록 테이프를 붙이고요.

 만약 만성 기관지염이나 폐 공기증 또는 천식일 경우는 실내에 머무르고, 불필요하게 화산재에 노출되는 일이 없도록 합니다.

해저의 지각 변동이나 해상의 기상 변화로 갑자기 바닷물이 크게 일어서 육지로 넘쳐 들어오는 현상을 '해일'이라고 해요. 특히 '쓰나미'로 불리는 지진 해일은 빠른 속도로 넓은 해역을 이동해 막대한 피해를 주는 매우 위험한 물결이에요.

해일이 밀려올 때는 가능한 한 빨리 높은 지대로 대피해 안전한 장소에서 기상 특보를 들으며 지시에 따라야 합니다.

바닷가에서 강한 지진동을 느꼈을 때는 지진 해일이 발생할 가능성이 있어요. 지진 해일은 예고 없이 습격해 오기 때문에 특보가 발효되지 않았더라도 신속히 높은 곳으로 이동해야 해요.

프라이팬에 물이 끓듯이 바닷물이 부글부글 끓어오르는 현상이 발생하거나 바닷가 물이 일시적으로 바다 쪽으로 빨려 나가는 현상이 발생하면 지진 해일이 일어날 가능성이 크므로 빨리 대피해야 합니다.

### 성폭력 예방

'성폭력'이란 상대방이 원하지 않는데도 강제로 몸을 만지거나 말이나 행동으로 놀리는 등 성과 관련해 옳지 않은 행동을 하는 것을 말해요.

아직 생각이나 판단이 다 자라지 못한 어린이를 대상으로 한 성적인 행동은 모두 성폭력이라고 할 수 있습니다.

성폭력을 예방하기 위해서는 외출할 때 부모님이나 주위 어른에게 가는 곳과 돌아오는 시각, 연락처를 미리 말해 둡니다.

집에 혼자 있을 때는 급할 때 연락할 수 있는 전화번호를 가까이에 적어 놓고, 누가 오면 함부로 문을 열어 주지 않습니다.

모르는 사람의 차를 타거나 따라가지 않고, 혼자서 뒷골목이나 어두운 거리를 다니지 않습니다. 공공 화장실에 가거나 엘리베이터를 탈 때는 친구나 어른과 함께 가도록 합니다.

혼잡한 버스나 지하철 안에서 누군가 몸을 접촉하거나 치근덕거리면 발을 밟거나 소리를 질러 주위에 도움을 청합니다.

누군가 가슴이나 생식기 등 몸을 만지려고 하면 "안 돼요! 싫어요!"라고 큰 소리로 말하고 도망친 뒤, 부모님께 사실대로 말해 소중한 내 몸을 지킵니다.

### 학교 폭력 예방

학교 폭력이란 학교 내외에서 학생을 대상으로 폭력이나 협박, 따돌림 등에 의해 신체나 정신 또는 재산상의 피해를 주는 행동을 뜻합니다. 언어폭력, 신체 폭력, 사이버 폭력, 금품 뺏기, 따돌림, 성폭력, 강요 등 7가지 유형이 있습니다.

언어폭력은 여러 사람 앞에서 상대방의 생김새, 성격, 능력 등을 무시하거나 그런 내용의 글을 인터넷 등으로 퍼뜨리고 문자 메시지 등으로 겁을 주는 행위입니다.

일정한 장소에 감금하거나 신체를 손이나 발로 때려 고통을 주는 행위, 폭행이나 협박으로 일정한 장소로 데려가는 행위 등이 신체 폭력에 해당합니다.

최근 가장 문제가 되는 폭력이 사이버 폭력입니다. 피해자에 대한 욕설을 인터넷 게시판이나 카페 등에 올리고 공포심이나 불안감을 유발하는 문자, 영상 등을 보내거나 개인의 사생활을 공개하는 행위가 포함됩니다.

돈을 요구하거나 옷과 문구류 등을 빌려 되돌려 주지 않는 행위, 일부러 물품을 망가뜨리는 행위, 돈을 걷어 오라고 시키는 행위 등이 금품 뺏기에 해당합니다.

따돌림은 싫어하는 말로 놀리거나 면박 주기, 비웃거나 겁주기, 다른 학생들과 어울리지 못하도록 막는 행위 등을 말합니다.

협박으로 성행위를 강제하거나 성적인 말과 행동을 함으로써 상대방이 성적 굴욕감과 수치감을 느끼도록 하는 행위는 성폭력에 해당해요.

심부름을 강요하거나 과제 대신하기 등 상대방 의사에 상관없이 행동을 강요하는 행위 또한 폭력입니다.

학교 폭력은 상대에게 씻을 수 없는 몸과 마음의 상처를 남겨요. 피해자는 두려움에 떨며 일상생활을 하지 못하고 극단적인 생각까지 하게 됩니다.

학교 폭력을 당했거나 주변에서 학교 폭력이 일어나는 것을 보았다면 절대로 그냥 지나쳐서는 안 됩니다. 선생님이나 부모님에게 사실을 알리고, 경찰에 신고하여 도움을 받아야 합니다. 절대로 혼자 고민하거나 괴로워해서는 안 됩니다.

폭행 피해 시 가해자와 주변의 목격자, 폭행 도구, 폭행 횟수 등 구체적 상황을 가능한 한 정확히 기억해 둡니다. 신체적, 정신적으로 이상을 느낄 때는 의사의 진료를 받도록 합니다.

우리 주변에는 학교 폭력을 당하는 어린이를 보호하고 도와주는 국가 기관이나 시민 단체가 많이 있습니다(학교 폭력 신고 상담 센터, 국번 없이 117).

　이런 기관들은 쉼터를 제공하거나 의료 및 법률 지원 등 각종 서비스 활동을 하고 있어요. 그런 곳들을 적극적으로 활용하는 것도 좋은 방법입니다.

　누구나 폭력의 희생양이 될 수 있어요. 그러므로 폭력 앞에선 모두가 힘을 합쳐 맞서야 해요.

## 안전 백과 관련 상식 퀴즈

**01** 횡단보도를 건널 때는 (          )으로 걷는 것이 안전거리가 확보되어 더 안전해요.

**02** 자동차에는 보이지 않는 사각지대가 있어요. ( ○, × )

**03** 날씨가 궂은 날에는 어두운 색 옷을 입는 것이 좋아요. ( ○, × )

**04** 자동차를 탈 때는 안전한 뒷좌석에 앉아 반드시 안전벨트를 착용해야 해요. ( ○, × )

**05** 타고 발을 뻗었을 때 발이 땅에 닿아 몸에 맞는 자전거를 타야 해요. ( ○, × )

**06** 우리나라 도로 교통법에선 자전거도 승용차처럼 차로 분류해요. ( ○, × )

**07** 가정 내 안전사고 가운데 가장 많이 발생하는 것이 (          ) 사고예요.

**08** 선풍기 사용 때 '화재'를 주의해야 해요. ( ○, × )

**09** 고무풍선과 관련된 질식 사고는 나이가 많은 고학년 어린이에게도 많이 발생해요. ( ○, × )

**10** 비비탄 총은 장난감이므로 안전해요. ( ○, × )

**11** 복도와 계단에서는 반드시 (          )통행을 해요.

**12** 벼락이 칠 때는 나무나 전봇대 밑에 숨어요. ( ○, × )

**13** 산에서 길을 잃었을 때는 계곡을 피하여 능선으로 올라가요.
( ○, × )

**14** 산이나 길에서 멧돼지를 만나면 등을 보이고 달아나요. ( ○, × )

**15** 쯔쯔가무시병은 진드기 유충이 피부에 붙어 피를 빨아먹은 부위에 딱지가 생기면서 궤양 증상이 나타나는 병이에요. ( ○, × )

**16** 태풍으로 창문이 심하게 흔들리면 창문에 젖은 (　　　)를 붙여 놓아요.

**17** 해저의 지각 변동이나 해상의 기상 변화로 갑자기 바닷물이 크게 일어서 육지로 넘쳐 들어오는 현상을 '해일'이라고 해요.
( ○, × )

**18** 상대방이 원하지 않는데도 강제로 몸을 만지거나 말이나 행동으로 놀리는 등 성과 관련해 옳지 않은 행동을 하는 것을 (　　　) 이라고 해요.

**19** 학교 폭력은 학교 내외에서 학생을 대상으로 폭력이나 협박, 따돌림 등에 의해 신체나 정신 또는 재산상의 피해를 주는 행동을 뜻해요. ( ○, × )

**20** 심부름을 강요하거나 과제 대신하기 등 상대방 의사에 상관없이 행동을 강요하는 행위 또한 폭력이에요. ( ○, × )

---

📋 **정답**
01 오른쪽　02 ○　03 ×　04 ○　05 ○　06 ○　07 낙상　08 ○
09 ○　10 ×　11 우측　12 ○　13 ○　14 ×　15 ○　16 신문지
17 ○　18 성폭력　19 ○　20 ○

## 💬 안전 백과 관련 단어 풀이

**OECD** 경제 성장과 개발 도상국 원조, 통상 확대의 세 가지를 주요 목적으로 하여 1961년에 창설된 국제 경제 협력 기구. 우리나라는 1996년에 회원국으로 가입함.

**사각지대** 어느 위치에 섬으로써 사물이 눈으로 보이지 아니하게 되는 각도. 또는 어느 위치에서 거울이 사물을 비출 수 없는 각도.

**브레이크** 기차·전차·자동차 따위의 차량이나 기계 장치의 운전 속도를 조절하고 제어하기 위한 장치.

**전조등** 기차나 자동차 따위의 앞에 단 등. 앞을 비추는 데에 씀.

**도로 교통법** 도로에서 일어나는 모든 위험과 장해를 방지하거나 제거하여 안전하고 원활한 교통을 확보하도록 만든 법률.

**와류** 물이 소용돌이치면서 흐르는 현상.

**저체온증** 체온이 정상(36.5℃ 정도)보다 낮은 증상. 증상이 악화되면 주요 장기의 기능이 저하되어 심하면 사망에 이를 수도 있음.

**부유물** 물 위나 물속, 또는 공기 중에 떠다니는 물질.

**조명탄** 터뜨리면 강한 빛을 내는 탄알이나 폭탄.

**낙상** 떨어지거나 넘어져서 다침. 또는 그런 상처.

**호흡기** 우리 몸에서 호흡에 관여하는 코, 기관, 기관지, 폐 등의 기관.

**질식** 숨통이 막히거나 산소가 부족하여 숨을 쉴 수 없게 됨.

**음독** 독약을 먹음.

**전열** 한 물체에서 온도가 다른 물체로 열이 전달되는 일.

**위장관** 위와 창자를 함께 포함하고 있는 소화 계통의 한 부분.

**백내장** 수정체가 회백색으로 흐려져서 시력이 떨어지는 질병.

**망막** 눈알의 가장 안쪽에 있는 맥락막 안에 시각 신경의 세포가 막 모양으로 층을 이룬 부분.

**시신경** 망막이 받은 빛의 자극을 뇌로 전달하는 신경.

**시약** 화학 분석에서, 물질의 성분을 검출하거나 정량하는 데 쓰는 약품.

**도체** 열 또는 전기의 전도율이 비교적 큰 물체를 통틀어 이르는 말. 열에는 금속, 전기에는 금속이나 전해 용액 따위가 이에 속함.

**호흡 중추** 숨뇌와 다리뇌에서 호흡 운동을 맡은 신경 중추.

**코일** 나사 모양이나 원통 꼴로 여러 번 감은 도선. 이것에 전류를 통하여 강한 전자기장을 만듦.

**한국 전력** 전기 에너지 개발을 촉진하고 전력을 안정적으로 공급하기 위해 설립된 시장형 공기업으로 우리나라의 전력 자원의 개발, 발전, 송전, 배전 등을 담당하고 관리함.

**벼락** 공중의 전기와 땅 위의 물체에 흐르는 전기 사이에 방전 작용으로 일어나는 자연 현상.

**유류** 기름 종류. 석유·등유·휘발유나 참기름·들기름·콩기름 따위를 통틀어 이름.

**국민 안전처** 종합적이고 신속한 재난안전 대응 및 수습체계를 마련하기 위해 설치한 재난 안전 총괄 중앙 행정 기관.

**통기성** 공기가 통할 수 있는 성질이나 정도.

**방수성** 물이 스며들거나 배어들지 못하게 하는 성질.

**서식지** 생물 따위가 일정한 곳에 자리를 잡고 사는 곳.

**광견병** 미친개에게서 볼 수 있는 바이러스성 질환.

**궤양** 피부 또는 점막에 상처가 생기고 헐어서 출혈하기 쉬운 상태.

**뇌수막염** 뇌를 둘러싸고 있는 연질막과 거미막 사이에 염증이 발생하는 질환.

**난청** 청력이 저하 또는 손실된 상태.

**황달** 담즙이 원활하게 흐르지 못하여 온몸과 눈 따위가 누렇게 되는 병.

**신부전** 콩팥 기능 부족. 신장 기능이 제대로 이루어지지 않아 몸 안에 노폐물이 쌓여서 신체의 여러 기능이 제대로 수행되지 않는 상태.

**부목** 팔다리에 골절, 염좌, 염증 따위가 있을 때에 아픈 팔다리를 고정하기 위하여 일시적으로 대는 나무.

**강우량** 일정 기간 동안 일정한 곳에 내린 비의 분량.

**폐 공기증** 폐 내의 공기 공간의 크기가 정상보다 커지는 병.

## ⚠ 어린이 안전사고 교육 기관 명칭 및 홈페이지 주소

| | |
|---|---|
| 어린이 안전 교육관 | www.isafeschool.com |
| 교통안전 공단 어린이 세상 | kid.ts2020.kr |
| 어린이 경찰청 | kid.police.go.kr |
| 어린이 안전 학교 | www.go119.org |
| 한국 소비자원 어린이 안전넷 | www.isafe.go.kr |
| 한국 어린이 안전 재단 | www.childsafe.or.kr |
| 안전 생활 실천 시민 연합 | www.safelife.or.kr |
| 세이프 키즈 코리아 | www.safekids.or.kr |
| 어린이집 안전 공제회 | www.csia.or.kr |

## ⚠ 《아는 길도 물어 가는 안전 백과》에 도움을 준 자료

1. 〈생애주기별 안전교육 지도〉, 국민 안전처, 2016
2. 〈재난 대비 국민 행동 요령〉, 국민 안전처, 2014
3. 〈어린이 교통안전 교육 교재〉, 도로 교통안전 관리 공단, 2012
4. 〈엄마•아빠와 함께하는 어린이 안전 365일〉, 행정 안전부, 2009
5. 〈자전거 안전문화〉, 서울특별시 교육청, 2009
6. 〈안전생활 가이드〉, 소방 방재청, 2008
7. 〈내 친구 승강기〉, 한국 승강기 안전 관리청, 2008
8. 〈초등학교 안전교육 지도자료〉, 서울특별시 교육청, 2006
9. 〈선생님용•부모님용 교통안전 지도서〉, 안전 생활 실천 시민 연합, 2005
10. 〈초등학생을 위한 안전 교재〉, 소방 방재청, 2001

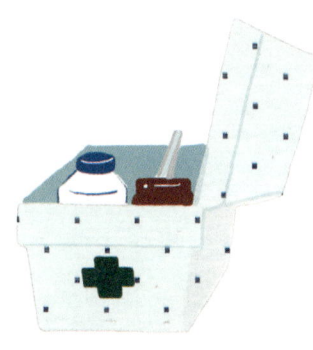